MESTRES DAS ARTES NO BRASIL

TARSILA DO AMARAL

TEXTO DE ANGELA BRAGA & LÍGIA REGO

DE ACORDO COM AS NOVAS NORMAS ORTOGRÁFICAS

1ª edição
1998

31ª Impressão

MODERNA

Olhe atentamente para essa pintura e observe todos os seus detalhes. Seu nome é *Abaporu*, que na língua tupi-guarani significa "homem que come carne humana". É uma das obras mais importantes da arte brasileira e, até os dias de hoje, a mais valiosa.

Tarsila do Amaral pintou o *Abaporu* em 1928 para fazer uma surpresa de aniversário ao marido, o escritor Oswald de Andrade. Só que ela não imaginava a polêmica que essa obra provocaria entre os artistas da época nem que ela ajudaria a trazer grandes mudanças na arte brasileira.

A própria Tarsila se perguntava como havia conseguido criar uma figura tão estranha! Talvez fosse uma lembrança de infância, das histórias de assombração ou das lendas de escravos contadas pelas negras da fazenda em que viveu. Sua emoção deve ter "reinventado" as histórias na pintura.

Abaporu, 1928. Óleo sobre tela, 85 X 73 cm.
Coleção Eduardo Constantini, Argentina.

Tarsila do Amaral foi um dos nomes mais importantes do movimento modernista brasileiro. Ela nasceu em 1886, na Fazenda São Bernardo, em Capivari, cidade do interior do Estado de São Paulo. Descendente da aristocracia rural paulista, cresceu livremente nas fazendas de sua família.

Fazenda, s.d. Nanquim sobre papel, 28,5 X 38 cm. Museu de Arte Contemporânea/USP.

Autorretrato I, 1924. Óleo sobre papel-tela, 38 X 32,5 cm. Acervo Artístico Cultural dos Palácios do Governo do Estado de São Paulo.

A menina Tarsila, muito viva e inteligente, corria pelos pastos, subia em árvores e dava nome às grandes pedras arredondadas e aos cactos que encontrava perto das fazendas de café. Tarsila fazia bonecas de mato e divertia-se a valer ao lado de seus quarenta gatinhos!

Detalhe de *A família*, 1925. Óleo sobre tela, 79 X 101,5 cm. Coleção particular.

Gato desenhado por Mário de Andrade, 1928. Coleção particular, São Paulo.

Flor-gente, 1925. Nanquim sobre papel, 21 X 13,5 cm. Biblioteca Municipal Mário de Andrade, São Paulo.

Pedras nos arredores da Fazenda Santa Teresa do Alto, s.d.

Apesar de morar em uma fazenda, sua vida era requintada. Tudo o que sua família usava e consumia era importado da Europa. Tarsila parecia uma princesinha: tanto os tecidos de suas roupas de brincar como de passear eram franceses.

Tarsila (à esquerda) e dois de seus irmãos, Oswaldo e Cecília, 1892. Coleção particular, São Paulo.

Paisagem rural, 1924.
Nanquim sobre papel sobre papelão, 18,9 X 25,8 cm.
Museu de Arte Contemporânea/USP.

Tarsila, seus pais e seus seis irmãos formavam uma família harmoniosa. Sua mãe alegrava o ambiente tocando piano e recontando as histórias que lia. Seu pai recitava, com os filhos, versos em francês.

Almoço na fazenda, s.d. Metal e água-forte, 29,7 X 38,5 cm. Acervo Cultural dos Palácios do Governo do Estado de São Paulo.

Ainda em sua infância, Tarsila fez seu primeiro desenho: uma cesta de flores e uma galinha rodeada de pintinhos.

Aos 16 anos, ela foi estudar em Barcelona, na Espanha. Fez sonetos, composições para piano e cópias desenhadas de "santinhos", muito elogiadas por seus colegas de escola.

Sagrado Coração de Jesus, 1904. Óleo sobre tela, 102,3 X 76 cm. Coleção da família Sérgio Estanislau do Amaral, São Paulo.

A samaritana, 1911. Óleo sobre tela, 75 X 50 cm. Acervo Artístico Cultural dos Palácios do Governo do Estado de São Paulo.

Ao retornar da Europa, em 1906, casou-se, de acordo com a tradição da época, com um pretendente escolhido por seu pai. Desse casamento nasceu Dulce. A diferença cultural do casal, porém, era grande e Tarsila, dona de uma personalidade forte e decidida, separou-se. Alguns anos depois, conseguiu a anulação de seu casamento.

Passado algum tempo, Tarsila resolveu seguir sua vocação artística. Começou seus estudos pela escultura e modelagem.

Em seguida, estudou desenho e pintura com o artista acadêmico Pedro Alexandrino, criando naturezas-mortas e algumas paisagens.

Aspargos, de Pedro Alexandrino, s.d. Óleo sobre tela, 100 X 137,5 cm. Pinacoteca do Estado de São Paulo.

Passou um rápido período com os impressionistas, aprendendo com eles a usar as cores puras. Em 1920 partiu para a França e até 1935 sua vida foi dividida entre as fazendas de sua família, viagens pelo Brasil e pela Europa.

Em Paris, na Academia Julian, desenhou modelos vivos. Com Émile Renard, seu amigo e mestre, pintou figuras femininas em tons pálidos, predominando o azul. Tarsila já demonstrava seu jeito de pintar, diferente e cheio de novas ideias: pinceladas mais soltas, cores mais iluminadas e formas mais simplificadas.

Chapéu azul, 1922. Óleo sobre tela, 67 X 50 cm. Coleção particular, São Paulo.

A artista Tarsila aprendeu com Pedro Alexandrino a treinar o desenho em um caderno de esboços. Ela gostava de registrar paisagens e imagens de pessoas interessantes. Fazia também desenhos para ilustrar livros e revistas.

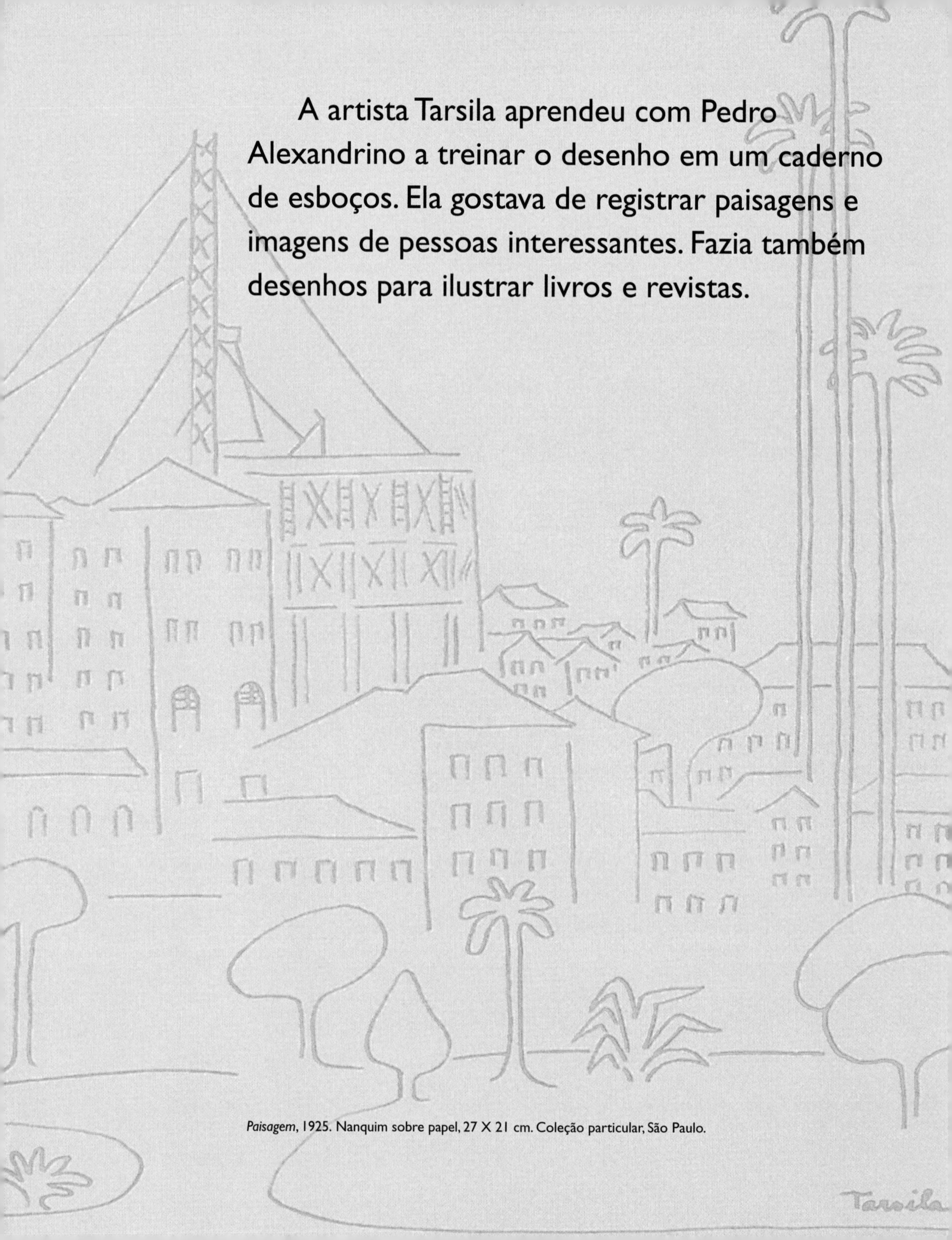

Paisagem, 1925. Nanquim sobre papel, 27 X 21 cm. Coleção particular, São Paulo.

Tarsila passou a integrar o mundo artístico ao ser aceita no Salão da Sociedade dos Artistas Franceses, em 1922, conforme noticiaram os jornais da época.

Pour le Vernissage, cette carte n'est valable qu'avec un des deux tickets

1234

DU 29 AVRIL AU 30 JUIN

Cette carte, pour être valable, doit être signée par le titulaire.

Elle est rigoureusement personnelle

TOUTE CARTE PRÊTÉE SERA RETIRÉE

Signature de l'Exposant.

Tarsila do Amaral

Adresse 5, Villa Méquillet
Neuilly sur Seine

1922

Credencial do Salão da Sociedade dos Artistas Franceses, 1922.
Coleção particular, São Paulo.

Nesse mesmo ano, Tarsila desembarcou no Brasil, do luxuoso navio *Massilia*, trazendo na bagagem roupas elegantes, tintas coloridas e suas obras impressionistas.

Tarsila chegou em junho, quatro meses após a Semana de Arte Moderna, um acontecimento cultural de que participaram vários artistas e intelectuais.

Apesar de não ter participado desse evento, Tarsila já conhecia as ideias que foram ali apresentadas e concordava com elas. Recebia notícias do movimento artístico brasileiro através de correspondência com a amiga e pintora Anita Malfatti.

Grupo de artistas e poetas paulistas. Da esquerda para a direita: Pagu, Anita, Benjamin Peret, Tarsila, Oswald de Andrade, Elsie Houston, Álvaro Moreira, Eugênia Álvaro Moreira e um anônimo. (Iconographia)

Certa vez, numa elegante confeitaria de São Paulo, Anita apresentou Tarsila a outros de seus amigos intelectuais: Menotti del Picchia, Mário de Andrade e Oswald de Andrade. Tarsila e esses jovens, de ideias "modernistas", fundaram o Grupo dos Cinco.

Ainda em 1922, aconteceu em São Paulo o I Salão da Sociedade Paulista de Belas-Artes. Dentre os vários artistas e expositores, Tarsila destacou-se pela originalidade com sua obra *A espanhola*.

A espanhola (Paquita), 1922. Óleo sobre tela, 92 X 75,5 cm. Coleção Oswaldo Chateaubriand, Rio de Janeiro.

Tarsila e seus amigos preocupavam-se em mostrar, através de sua arte, a mecanização dos seres humanos por causa do crescimento desgovernado das cidades, com a construção de fábricas e arranha-céus. Fortalecia-se também entre eles um sentimento patriótico-nacionalista: a arte brasileira deveria buscar suas raízes.

Essa pintura é um bom exemplo das ideias daquela época. Observe a folha de bananeira e a negra, elementos que identificam o Brasil.

A negra, 1923. Óleo sobre tela, 100 X 80 cm. Museu de Arte Contemporânea/USP.

Tarsila gostou tanto de seus novos amigos que resolveu retratá-los. Veja como pintou Oswald e Mário: com cores puras e em rápidas e ousadas pinceladas.

Retrato de Oswald de Andrade, 1922. Óleo sobre tela, 61 X 42 cm. Coleção particular.

Retrato de Mário de Andrade, 1922. Óleo sobre tela, 54 X 46 cm. Acervo Artístico Cultural dos Palácios do Governo de São Paulo.

Retrato de Tarsila, de Anita Malfatti, s.d. Desenho em pastel, 43 X 32 cm. Museu de Arte de São Paulo Assis Chateaubriand.

Ela também foi desenhada: quem fez o retrato foi sua amiga Anita Malfatti.

No final de 1922, Tarsila partiu novamente para Paris. Oswald, já apaixonado, foi a seu encontro. Ela se tornou a musa inspiradora dos escritos de Oswald e ele, por sua vez, o encorajador de suas arrojadas pinturas.

Nesse novo período de estudos na Europa, a vida cultural da artista foi intensa. A sedutora, elegante e feminina Tarsila frequentava livrarias, assistia a balés e concertos e participava de reuniões sociais com intelectuais da época.

Veja, neste *Autorretrato*, o casaco que Tarsila usou em um jantar em homenagem a Santos Dumont.

Autorretrato (Manteau rouge), 1923.
Óleo sobre tela, 73 X 60 cm.
Museu Nacional de Belas-Artes,
Rio de Janeiro.

Tarsila aperfeiçoou seus estudos com os pintores Albert Gleizes e Fernand Léger, e conheceu, nessa época, Pablo Picasso. Sua pintura passou a ter muitas formas geométricas, lembrando o movimento artístico chamado Cubismo.

A boneca, 1928. Óleo sobre tela, 60 X 45 cm. Coleção Sérgio S. Fadel, Rio de Janeiro.

Porém, o que diferenciava seu trabalho era, como disse o famoso poeta brasileiro Carlos Drummond de Andrade, "... o amarelo vivo, o rosa violáceo, o azul pureza, o verde cantante...", isto é, as cores "caipiras" de suas agradáveis lembranças da infância.

A cuca, 1924. Óleo sobre tela, 73 X 100 cm. Museu de Grénoble, França.

Desenho de Ouro Preto, 1924.
Aquarela sobre papel,
20,5 X 19,5 cm.
Coleção Professor Ignácio
da Silva Telles, São Paulo.

De volta ao Brasil, após um ano na Europa, Tarsila e Oswald receberam, em 1924, a visita do amigo e poeta francês Blaise Cendrars. Juntos fizeram viagens às cidades históricas de Minas Gerais. Nessa fase, a pintura de Tarsila refletia a feliz redescoberta da terra natal e a volta às origens.

Foto de Ouro Preto, 1924.
Coleção particular.

Carnaval em Madureira, 1924.
Óleo sobre tela, 76 X 63 cm.
Coleção particular, São Paulo.

Em *Carnaval em Madureira*, Tarsila homenageou seu amigo francês Blaise Cendrars, trazendo a grandiosa Torre Eiffel para junto da paisagem e do samba envolvente do Rio de Janeiro.

Nesse clima de exaltação à cultura popular, Tarsila retratou um Brasil simples e puro, em um novo momento de sua vida artística.

A pintura de Tarsila teve muitas e diferentes fases, pois ela gostava de viver intensamente e de estar sempre aprendendo coisas novas.

Observe esta natureza-morta. Foi uma de suas primeiras pinturas.

Natureza-morta, 1923. Óleo sobre tela, 45 X 54 cm. Coleção particular.

Compare-a agora com esta outra natureza-morta.

Natureza-morta (com relógios), 1923. Óleo sobre tela, 46 X 55 cm. Coleção particular.

Você percebe as diferenças entre os dois estilos?

Fase pau-brasil

Morro da favela, 1924.
Óleo sobre tela, 64 X 76 cm.
Coleção Sérgio S. Fadel,
Rio de Janeiro.

Nessa fase, as pinturas de Tarsila exaltavam a natureza tropical,

Detalhe de *Morro da favela*.

os tipos humanos, como caboclos e negros,

e a tranquilidade das pequenas cidades brasileiras dentro das combinacões de tons de rosa e azul.

Detalhes de
Morro da favela.

A atmosfera criada nessas obras reunia, em perfeita harmonia, a natureza, a cultura do povo brasileiro e os elementos geométricos da pintura cubista.

A gare, 1925. Óleo sobre tela, 84,5 X 65 cm. Coleção particular, São Paulo.

Observe a pintura *A gare*. Tarsila brincou com as formas geométricas, fazendo um passeio urbano usando trilhos, vagões e máquinas.

Quais os outros elementos que você identifica nessa composição?

Ao fundo, participação do casamento de Tarsila e Oswald. Coleção das autoras.

Tarsila e Oswald. (Iconographia)

Oswald era romântico e gostava de fazer poesias para Tarsila.

Em 1926, Tarsila e Oswald se casaram. A partir da união "Tarsiwald", carinhoso apelido dado ao casal pelo amigo e escritor Mário de Andrade, desenvolveu-se a fase mais polêmica da pintura de Tarsila: a Antropofagia.

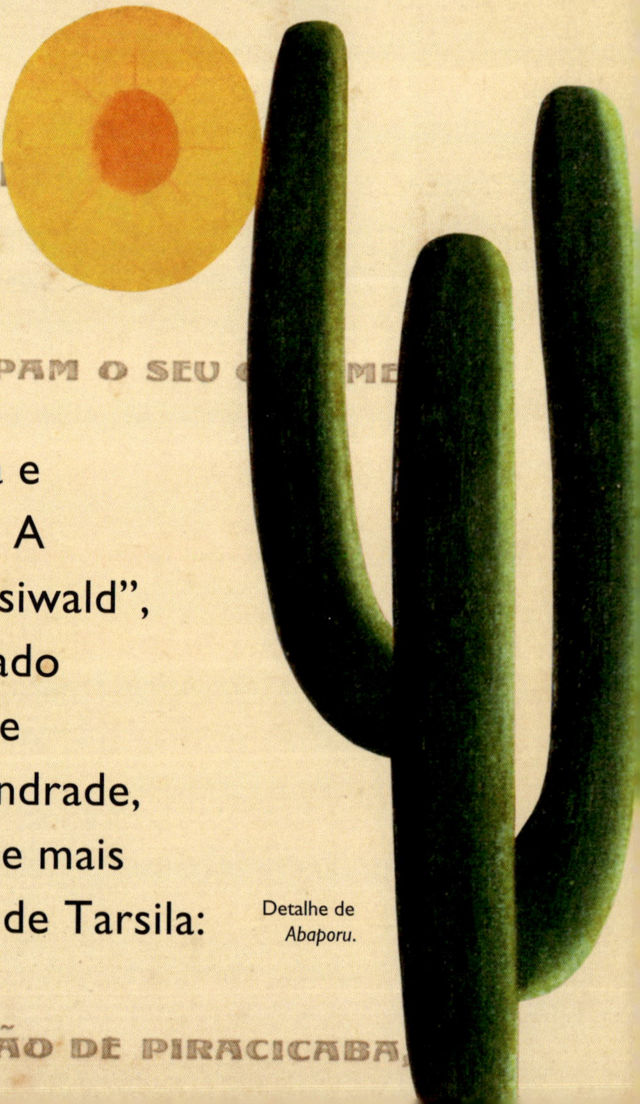

Detalhe de *Abaporu*.

Retrato de Tarsila, s.d.
Coleção particular,
São Paulo.

Atelier

Oswald de Andrade

Caipirinha vestida por Poiret
A preguiça paulista reside nos teus olhos
Que não viram Paris nem Piccadilly
Nem as exclamações dos homens
Em Sevilha
À tua passagem entre brincos

Locomotivas e bichos nacionais
Geometrizam as atmosferas nítidas (...)
(...) Arranha-céus
Fordes
Viadutos
Um cheiro de café
No silêncio emoldurado
(...)

Fase antropofágica

O ovo (Urutu), 1928. Óleo sobre tela, 60 X 72,5 cm. Coleção Gilberto Chateaubriand/MAM, Rio de Janeiro.

A Antropofagia aparece no trabalho de Tarsila quando ela utiliza tudo o que aprendeu na Europa e transforma em arte tipicamente brasileira. É o que acontece em *Urutu*. Ali Tarsila representou as imagens de pureza e de liberdade guardadas de sua infância.

Observe, aqui, a delicadeza das formas e das cores. Nem gente, nem máquinas, nem construções. A paisagem era de segredo e de sonho. Seria dia ou noite?

O lago, 1928. Óleo sobre tela, 75,5 X 93 cm. Coleção Sérgio S. Fadel, Rio de Janeiro.

Em *A Lua*, Tarsila consegue unir a realidade e a fantasia, sem perder a ligação com a terra.

A Lua, 1928. Óleo sobre tela, 110 X 110 cm. Coleção particular.

Nesta pintura de cores contrastantes e formas volumosas, Tarsila fez com que o dia e a noite acontecessem num mesmo momento.

Algumas obras dessa fase são surrealistas, isto é, Tarsila pintou sonhos, segredos e mistérios usando linhas, cores e composições irregulares, bem diferentes daquilo que vemos no mundo de verdade.

Sol poente, 1929. Óleo sobre tela, 54 X 65 cm. Coleção Geneviève e Jean Boghici, Rio de Janeiro.

Fase social

O mundo já não era mais o mesmo. Nem Tarsila...

Uma crise econômica em Nova York, em 1929, atingiu o mundo todo, inclusive o Brasil. A vida de Tarsila passou por drásticas mudanças. A artista separou-se de Oswald e a fazenda em que vivia foi hipotecada.

Mesmo com essas dificuldades, Tarsila fez algumas viagens na década de 1930. Quando visitou a então União Soviética, vendeu um de seus quadros para o Museu de Arte Moderna Ocidental. Em Paris, simpatizante do movimento socialista, sensibilizou-se com os problemas da classe operária.

De volta ao Brasil, participou de reuniões políticas e chegou a ser presa por um curto período. Obras como *Operários* e *2ª classe* mostram bem esse momento.

Tarsila representou questões sociais retratando pessoas tristes e oprimidas, a miséria, a dor e a desigualdade das raças.

Detalhes de *2ª classe* e *Operários*.

Operários, 1933. Óleo sobre tela, 150 X 205 cm. Acervo Artístico Cultural dos Palácios do Governo do Estado de São Paulo.

Observe como Tarsila pintou as pessoas na obra abaixo. Suas pinceladas expressam o sofrimento das crianças e o abandono da família impostos por uma sociedade injusta. Você acha que a sociedade mudou desde aquele tempo até hoje?

2ª classe, 1933. Óleo sobre tela, 110 X 151 cm. Coleção particular.

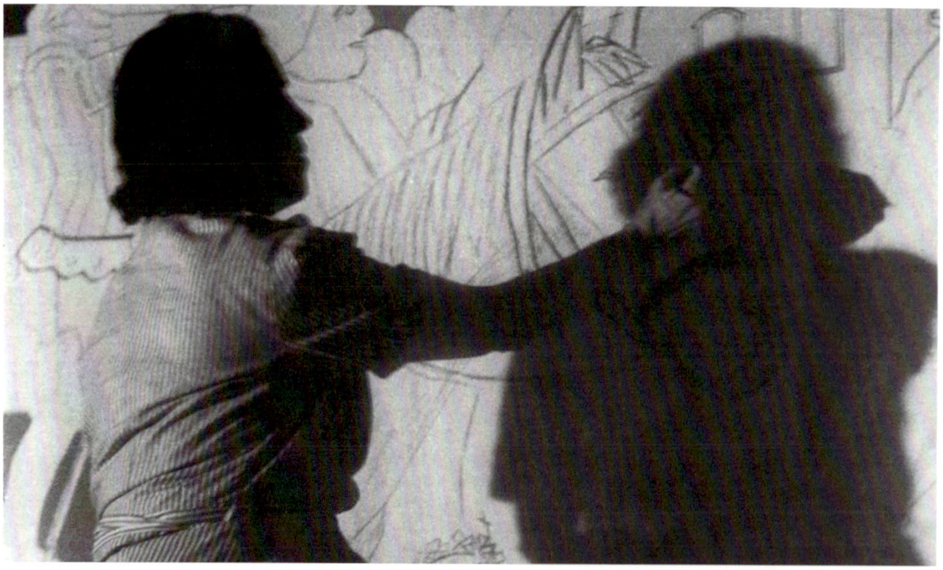

Execução do painel *Procissão do Santíssimo*, 1954. Tinta a óleo Wanda sobre compensado. Centro Cultural São Paulo. Restaurado por Renato Luiz Carvalho em 1995-1996.

A partir de meados da década de 1940, Tarsila continuou a pintar mantendo estilos de fases anteriores e temas como o folclore e a religião.

Executou também dois painéis, um a convite do governo do Estado de São Paulo e outro, encomendado pela antiga editora Martins, para homenagear o amigo Mário de Andrade.

Painel *São Paulo Antigo* (Procissão do Santíssimo), 1954. Guache sobre tela, 50,8 X 141 cm. Acervo Artístico Cultural dos Palácios do Governo do Estado de São Paulo.

Batizado de Macunaíma, 1956. Óleo sobre tela, 132,5 X 250 cm. Coleção Gianni Franco Samaja, São Paulo.

Tarsila do Amaral teve a felicidade de ser reconhecida em vida e de se consagrar como uma artista genuinamente brasileira.

Sua beleza física marcou tanto quanto sua arte. Seu amigo, o poeta Jorge de Lima, disse a ela: "Saudar você é como jogar uma rede no tempo e recolher beleza!".

Bandeira do Divino, 1939-1968. Óleo sobre tela, 97 X 73 cm. Coleção Gianni Franco Samaja, São Paulo.

Tarsila morreu em 1973, aos 86 anos. Foi o símbolo da arte moderna brasileira, deixando para nosso país um exemplo de valorização da amizade, do patriotismo e da cultura ao misturar em suas obras as cores caipiras, as lendas, os amigos e a sociedade.

Detalhe de *Sol poente*.